RÉPLIQUE

DE

M. DE BROÉ,

Avocat-général,

DANS L'AFFAIRE

DU

CONSTITUTIONNEL.

PARIS,

WARÉE FILS, LIBRAIRE, AU PALAIS DE JUSTICE;

1825.

AVIS DE L'ÉDITEUR.

Le plaidoyer et la réplique de M. de Bnoé, Avocat-Général, ayant été publiés par nous de l'agrément de ce Magistrat, présentent une garantie d'exactitude qu'on est loin de trouver dans l'édition publiée par MM. Baudouin frères, édition dans laquelle, copiant le texte du Moniteur (et même, par rapport au plaidoyer, ne faisant pas les rectifications portées par *errata* au Moniteur du lendemain), on a ainsi partagé toutes les inexactitudes inséparables du travail précipité d'un journal imprimé dans l'espace d'une nuit. La réplique, publiée seulement en partie par MM. Baudouin frères, d'après le même journal, se trouve ici complète.

Imprimerie de Mi\,SEALI, rue du Dragon, n° 20.

RÉPLIQUE

DE M. DE BROÉ,

AVOCAT-GÉNÉRAL ,

DANS L'AFFAIRE DU CONSTITUTIONNEL.

MESSIEURS,

Nous aurions désiré ne pas prolonger davantage des discussions toujours pénibles. Plusieurs points de la défense nous forcent à reprendre la parole.

Les principes légaux que nous avions posés ne pouvaient être raisonnablement contestés par un avocat aussi éclairé que celui que vous avez entendu ; ils ne l'ont pas été. Nous n'y reviendrons pas.

Quant aux faits, la défense ne reconnaît avec nous qu'un point : c'est que le *Constitutionnel* s'est livré à des attaques continues, générales, et fort graves contre le clergé catholique. Mais, suivant elle, d'une part, toutes ces attaques sont fondées sur la vérité des allégations ; d'autre part, leur but, leur effet, leur esprit est de protéger les libertés de l'église gallicane. Voilà tout le système.

Avant d'aller plus loin, Messieurs, c'est un besoin pour nous de vous répéter que s'il s'agissait effectivement ici des libertés de l'église gallicane, nous n'aurions cédé à personne le soin de les défendre : et bientôt, nous le prouverons peut-être.... Autant que oui que ce soit, nous aimons, nous voulons l'entière indépendance du pouvoir temporel. Autant que personne, nous désapprouvons les actes qui ont pu être l'objet d'une juste censure. Mais, parce qu'il y a des prétextes (ou, si l'on veut, des fautes) dont on peut s'emparer pour couvrir le mal, faut-il donc que nous fermions les yeux à la lumière ? Dans quels temps, dans quels lieux les entreprises hostiles contre les trônes, contre la religion, souvent même contre les individus, ne se sont-elles pas armées d'occasions, d'apparences, ou de fautes réelles ? Ils seraient bien maladroits, ceux qui entreprendraient de faire le mal, de le faire tous les jours, sans avoir une excuse qu'ils pussent invoquer au besoin ! Et, dans nos fonctions civiles ou criminelles, ne sont-ce pas précisément les faux prétextes que, tous les jours, nous avons à distinguer du véritable but ?

Oui, Messieurs (et c'est avec une pleine conviction que nous le disons), les attaques qui vous sont déférées n'ont aucun rapport avec les libertés de l'église gallicane. Aussi, avez-vous vu la défense, entraînée par le vice de son système, être forcée de se placer sans cesse à côté du procès ? Tantôt, on a été chercher, en dehors de la cause, des faits, des livres, et jusqu'à des images, dont il n'est pas dit un mot dans les articles inculpés. Puis, à l'aide de ces documens, que nous n'avons pas vus, que nous ne connaissons pas, on a édifié, contre le clergé, un procès de tendance, à l'instant même où l'on se récriait contre les procès de tendance dirigés contre les journaux. Tantôt, on s'est jeté dans des thèses générales : on a développé, sur les corporations religieuses, sur les pouvoirs spirituels et temporels, sur les miracles, des doctrines présentées sans doute avec beaucoup de talent, mais qui ne sont pas le procès. Pour nous, Messieurs, c'est encore du procès, du procès seul, que nous devons nous occuper.

Une première allégation se présente, qui, nous l'avouons, nous a singulièrement surpris ; nous voulons parler de la prétendue *vérité des faits* : nous la repoussons.

Et d'abord, les articles dénoncés ne présentent-ils donc que des allégations de fait ? Vous avez vu, Messieurs, qu'on y rencontre, à chaque pas, des imputations de vices déterminés, des conseils coupables, des attaques contre les choses. Or, sous ce premier rapport, que devient l'excuse invoquée ? Il ne s'agit pas de *faits* : on ne peut donc parler de leur prétendue *vérité*. L'excuse tombe : elle reste sans application.

Quant aux allégations qui gissent en fait, expliquons-nous nettement. Deux manières existent pour en apprécier l'*esprit* : rechercher la vérité de ces allégations ; ou en rechercher l'intention. Si le mensonge, ou (ce qui est la même chose), le travestissement des faits est prouvé, l'esprit coupable est démontré. Mais, l'intention du mal ne peut-elle donc pas se reconnaître, même dans des récits qui seraient vrais? nous soutenons, Messieurs, qu'il en est ainsi. Et, en effet, pourquoi cet acharnement? pourquoi ces termes? pourquoi ces récits eux-mêmes ? Ce que nous disons ici, la loi de 1819 l'a érigé en principe; car elle a voulu qu'on condamnât comme diffamateur l'individu qui, à l'appui d'une allégation diffamatoire relative à la vie privée, apporterait à la justice, même la preuve authentique de la vérité du fait.

Ces bases posées, qu'avons-nous dû faire? Bien convaincus que le procès ne devait se placer légalement que dans l'*esprit* des articles, nous n'avons pas dû cependant négliger entièrement la recherche de la vérité ou de la fausseté des faits. Les allégations du *Constitutionnel* qui gissaient en fait se divisaient en deux classes : celles portant des indications de lieux et de personnes, et celles qui n'en donnaient aucunes. A l'égard des premières, nous avons pu vérifier. Quant aux autres, cela était impossible.

Nous sommes donc remontés à la source de tous les faits portant indication. Et, aussitôt, une double position s'est présentée.

A l'égard d'une partie des allégations, les preuves de mensonge, de travestissement, ou de mauvaise foi sont résultées d'objets matériels, ou de documens publics antérieurs au procès. Pour celles-là, nous n'avons pas dû hésiter; nous avons corroboré la démonstration de l'*esprit*, par celle du mensonge : nous en avons produit les preuves.

(5)

A l'égard de l'autre partie, les preuves de mensonge
sont résultées des renseignemens spéciaux et posté-
rieurs au procès, qui nous ont été donnés par les autorités ecclésiastiques et civiles, séparément consul-
tées. Mais ici, une question s'est présentée. La loi
actuelle sur la presse porte, article 18 : « En aucun
» cas, la *preuve par témoins ne sera admise, pour*
» *établir la* réalité *des faits injurieux ou diffa-*
» *matoires.* » N'ayant pas à établir la *réalité* des faits
injurieux ou diffamatoires, mais leur *fausseté*, pou-
vions-nous produire, à cet effet (c'est-à-dire pour la
justification des personnes attaquées par le *Consti-*
tutionnel), des témoignages écrits? peut-être cela pou-
vait-il rigoureusement se soutenir. Mais, ce qui était
certain, c'est que la défense ne pouvait, sans violer
la loi, appuyer par des témoignages écrits les allégations injurieuses ou diffamatoires du journal : ce
qui était certain, c'est qu'elle le pouvait d'autant
moins, que les personnes dont il s'agissait n'étaient
pas parties au procès.

Dans cette position, et pour cette partie des allégations, il nous a paru qu'il y aurait injustice à ne pas
rétablir, de nous-même, l'égalité. Nous n'avons pas
voulu user d'un droit interdit à la défense. Nous
avons dû nous borner à rechercher l'*esprit* des récits,
dans les récits eux-mêmes.

Mais, Messieurs, lorsque le respect pour la loi, le
sentiment de la justice nous a fait ainsi rétablir l'é-
galité, voilà qu'on cherche à prendre avantage contre
nous d'une réserve forcée! Ces faits sont vrais, dit-
on!.... Nous répondons : la conséquence est fausse.

et à une assertion gratuite, nous opposons une assertion contraire. Mais, on l'exige? on nous presse? Eh bien ! Messieurs, on va voir si tous les faits sont vrais !....

Quels sont, d'abord, les points sur lesquels on est sorti du véritable cercle légal, pour nous apporter des documens extérieurs non authentiques?

On a fait son procès au curé de Fécamp, qui est absent, qui n'est pas partie au procès. Et lorsque, s'il s'agissait ici d'un procès personnel en diffamation, on serait, d'après le texte formel de la loi, non recevable à faire contre lui la preuve de la *réalité* des faits diffamatoires, on vient alléguer, contre un absent, cette prétendue preuve ! Or, puisqu'on a produit l'accusation, nous produirons le démenti. Voici la lettre du curé de Fécamp : « Si le *Constitutionnel* a » voulu désigner un prêtre, curé de Fécamp, dans » son n.º du 5 juin, je suis ce prêtre : il n'y a qu'un » curé à Fécamp. Le jour de la Sainte-Trinité, pen- » dant la première partie de mon discours, j'avais » remarqué devant moi deux jeunes personnes fort » dissipées. Arrivé au second point, sans *nommer*, » sans *désigner personne*, j'invitai à se tenir avec la » modestie, avec le respect dus à la maison de Dieu. » Delà peut-être l'amplification du *Constitutionnel* : » son numéro est tombé entre mes mains ; il m'aurait » été impossible de m'y reconnaître. Le véridique » journaliste va jusqu'à affirmer que tout le monde » sortit après le sermon : mensonge impudent, s'il » s'agit de Fécamp. Il n'y eut pas le moindre signe » d'improbation : toute l'assemblée assista tranquil-

» lement aux complies, à la procession et à la béné-
» diction. J'ai pour témoins du fait tous mes audi-
» teurs; et ils étaient en grand nombre. »

Voici maintenant l'article du *Constitutionnel:* « Un
» prêtre (nous mande un de nos correspondans de
» la Seine-Inférieure), après avoir terminé le premier
» point de son sermon, s'arrête tout-à-coup, *appuie*
» *ses deux bras sur le devant de la chaire ; fixe d'un*
» *œil inquisiteur* les dames qui étaient assises en face
» de lui, et rompt enfin le silence par cette *apos-*
» *trophe :* « Je ne continuerai pas avant que la *pé-*
» *cheresse que j'examine* n'ait *quitté cette enceinte :*
» il y a près de trois mois qu'elle suit mes offices,
» qu'elle entend mes remontrances sans devenir meil-
» leure; qu'elle entre dans la maison du Seigneur
» sans ajouter foi à ce qu'on y enseigne ! C'est un *scan-*
» *dale* que je ne puis souffrir. Baissez les yeux *au*
ι » *lieu de me regarder,* femme dont la présence me
» blesse et m'outrage, ou plutôt *sortez de ce sanc-*
» *tuaire* volontairement, pour *m'épargner une dé-*
» *signation plus positive* et une mesure plus per-
» sonnelle. Apprenez qu'on ne vient point ici pour y
» respirer l'air de la liberté, de cette liberté qui vous
» plaît tant, dont tant de gens sont enivrés, et qui
» n'est autre chose que la licence, etc., etc., etc.

« Ces paroles furent constamment accompagnées
» de *démonstrations directes et menaçantes. Le saint*
» *homme,* oubliant qu'on pouvait lui dire : .

» Quoi ! vous êtes dévot, et vous vous emportez !

» *jeta deux fois avec colère son bonnet carré* sur son

» siége. La *consternation fut générale* parmi les
» dames. Aucune d'elles n'osait lever les yeux, ni sor-
» tir, dans la crainte de se désigner elle-même. Toutes
» restèrent dans la même attitude jusqu'à la fin du
» sermon, et *toutes se précipitèrent à la fois hors de
» l'église*. La sainteté du lieu empêcha seule les hom-
» mes *d'éclater ;* mais nous laissons à penser tout ce
» qui se dit quand on fut dehors, et combien il se
» mêla de propos malins au *blâme dont fut unanime-
» ment frappé* le discours si peu pacifique du ministre
» d'un dieu de paix. Il paraîtrait que le *crime de la
» pécheresse* n'était autre qu'*un goût très-vif pour la
» comédie*, goût qu'elle avait dernièrement satisfait
» *en allant voir le Tartufe*. Si jamais on ose donner
» une suite à cet admirable ouvrage, le mouvement
» oratoire du PRÉDICATEUR ULTRAMONTAIN pourra y
» figurer, et ce sera un nouveau *trait ajouté à l'é-
» trange physionomie de la France constitutionnelle.* »

Maintenant, Messieurs, vous pouvez comparer et
juger! Travestir ainsi, n'est-ce pas mentir? et mentir
de la sorte, n'est-ce pas montrer clairement *l'esprit*
dans lequel on agit?... Le *prédicateur ultramontain!*
vous le voyez, c'est le mot d'ordre : on s'en sert à tout
propos. Et vraiment, il n'a pas ici plus de rapport
avec le fait particulier, qu'il n'en a, dans la cause,
avec tous les autres faits.

On a invoqué, contre le curé de Fécamp, un certificat! Nous ne l'avons pas vu; mais, nous pensons que le défenseur ne contestera pas qu'on ne
doive lui appliquer les justes observations qu'il a
opposées, après nous, aux certificats faits hors la

participation de la justice. Aux yeux de l'avocat, cette pièce est donc irrégulière et sans force... Mais, n'avez-vous pas vu, par la lecture même de ce certificat, qu'il est bien loin de suivre le journal dans tous les points de son récit? Puis, quels sont les douze individus qui l'ont signé? quelle confiance méritent-ils? Puis encore, n'avez-vous pas remarqué qu'eux-mêmes déclarent qu'ils n'étaient pas dans l'église? Quoiqu'il en soit, Messieurs, ce qui est certain , c'est que rien n'est plus facile au *Constitutionnel* que de transformer en un fait odieux ou ridicule, le fait le plus simple; car c'est là son système perpétuel.

Autre point, sur lequel vient aussi une déclaration extérieure. C'est le fait de ces boîtes d'artifice prétendues tirées par des missionnaires, derrière le maître-autel, dans les environs de Nancy. On s'est trompé, Messieurs, lorsqu'on a pensé que notre intention eût été de vous faire passer, à la chambre du conseil, des pièces autres que celles que nous avions produites à l'audience, pièces que, le jour même de notre plaidoirie, nous avions déposées au greffe, à la disposition de l'avocat. Nous ne comptions faire usage d'aucun acte qui ne fût public et antérieur au procès : déjà, nous avons dit pourquoi. Sur le fait de Nancy, comme sur tous les autres, nous avions demandé des renseignemens, pour être en mesure de répondre dans l'occasion. A Nancy, on a fait plus que nous n'avions demandé; on a pris des certificats : et comme le *Constitutionnel* ne nommait pas la commune où il plaçait le fait, on nous a envoyé ceux de toutes les communes où les missionnaires ont été.

L'audience nous a donc appris l'endroit qu'on présente comme le théâtre du fait : on a produit une lettre. Nous ignorons quel intérêt le correspondant bienveillant du *Constitutionnel* peut avoir eu à chercher à remettre ainsi sur pied les allégations de ce journal. Mais, puisqu'on a rendu cette lettre pièce du procès, on nous force à produire aussi le certificat dont nous n'avions pas cru devoir parler. Il porte la signature de seize notables de la petite ville de Saint-Nicolas ; et il est conçu en termes tellement précis, qu'on a peine à comprendre comment un individu quelconque, et surtout un notaire, a pu le signer sans réserve, si le fait rapporté dans sa lettre est vrai. Voici ce certificat : « Nous soussignés, habitans » de Saint-Nicolas-de-Port, à deux lieues de Nancy, » voulant repousser de la petite ville où nous sommes » domiciliés, la fausse application que de trop crédules » lecteurs pourraient lui faire d'une prétendue explo- » sion de boîtes, qu'un journal a dit être arrivée der- » rière l'autel, dans l'église d'un bourg des environs de » Nancy, déclarons ici, en notre nom et en celui de » nos concitoyens, que ce fait est *totalement chimé-* » *rique*, et qu'il ne peut trouver *aucune apparence* » *de fondement dans* TOUT CE QUI S'EST PASSÉ pen- » dant le cours de la mission qui nous a été donnée « *il y a deux ans*, et dont nous goûtons encore les » fruits salutaires. »

» Le 26 octobre 1825. » *Suivent les signatures.*

Et le maire, en les légalisant, ajoute ces mots : « L'attestation est *conforme à la vérité* qui aurait » pu être attestée par *toute la population*, s'il était « nécessaire. »

ıı faut que vous sachiez, Messieurs, que l'évêque de Nancy a interrogé lui-même tous les missionnaires de son diocèse; que tous ont déclaré que rien n'a pu donner prétexte à cette ridicule invention; que l'évêque lui-même joint son témoignage à celui de la notoriété publique; enfin, que le préfet du département se réunit à ces dénégations. Nous ne vous lirons pas leurs lettres; nous les joignons aux pièces.

Il semble assez facile, maintenant, d'apprécier la valeur d'une déclaration démentie à l'avance par son auteur même. Cette explosion dont il parle (s'il en a existé aucune), n'était-elle pas le fruit de quelques-uns de ces efforts de la malveillance dont nous avons parlé?... Au surplus, Messieurs, après une dénonciation publique, comme celle qui a eu lieu ici, les choses ne peuvent en rester là. Plus que personne, nous réprouvons tous les actes qui tendent à compromettre la dignité de la religion; et nous n'hésitons pas à dire que si le trouble au culte dont on parle, a eu lieu, et a été dirigé sciemment par quelqu'un, ce perturbateur, quel qu'il soit, est coupable, et doit être puni. D'un autre côté, si l'auteur de la lettre est un calomniateur, il est également coupable. Maintenant donc qu'on veut donner de la consistance à l'allégation; maintenant qu'on signale le lieu de la prétendue scène, nous déclarons que nous dénoncerons officiellement le fait au procureur général à la Cour royale de Nancy, et que justice aura lieu; soit contre les missionnaires, soit contre l'auteur de la lettre.

Deux autres dénonciations ont encore été faites. On a produit plusieurs pièces étrangères et aux ar-

ticles inculpés et au procès; mais enfin, on les a produites , les unes , comme preuves d'escroqueries
qui seraient exercées sur le peuple, à l'aide de faux
miracles; les autres, comme preuves de doctrines
contraires à la Charte, publiées et enseignées par
des prêtres. Nous ne connaissons pas ces écrits; mais
une dénonciation publique, faite par un homme
grave, mérite notre attention. Nous pensons bien
que, dans sa louable réserve, l'avocat n'a pas eu pour
but d'insinuer que ce fussent des prêtres qui fissent
distribuer les ridicules lithographies dont il a parlé.
Mais, il est des escrocs qui, par ces trafics, com-
promettent à la fois les choses saintes et l'intérêt
des particuliers : il en est, et plusieurs déjà ont été
punis. Il est aussi des insensés qui trouvent de trop
complaisans imprimeurs; témoin celui qui vient d'être
arrêté récemment, colportant les absurdes placards
que voici. Ces désordres doivent être réprimés. S'il
existe aussi un livre qui contienne des enseignemens
répréhensibles, le livre et les distributeurs doivent
être punis. Nous requérons donc que la Cour ordonne
le dépôt au greffe, du livre, des placards et lithographies produits, aussi bien que de la lettre du sieur Pi-
toux.

Mais, Messieurs, lorsque, se jetant ainsi en dehors
de la cause, on a été chercher partout des livres, pour
les produire à l'appui du procès récriminatoire qu'on
a élevé contre le clergé, que serait-ce donc si le ministère public vous produisait, à son tour, les ouvrages
dont, chaque jour, le *Constitutionnel* publie les fas-
tueuses annonces ? De quelle effrayante solidarité ne

se trouverait-il pas, à l'instant, frappé! Les voyez-vous apparaître tous ces nouveaux témoins, ces déplorables écrits que la haine de la religion enfante, que la seule haine de la religion peut chercher à répandre? Quelle liste, Messieurs, quelle liste, si on la met à côté de ces misérables livrets, dont on a tant parlé! Quelle liste, si on compare les intentions et les dangers!.. Cette pensée grave et juste, il suffit de l'indiquer à vos consciences... Et cette solidarité, le *Constitutionnel* pourrait-il la récuser? Non, certes; car c'est bien un des moyens de juger *l'esprit* d'un journal, que de voir quels sont ses auxiliaires, quelle est sa clientelle. Mais, poursuivons.

Ils sont vrais, dit-on, les faits de cet exorcisme, ou plutôt de cette escroquerie de Tournay? (et même on a cité l'autorité de journaux). Il faut donc que la police se fasse bien mal dans les Pays-Bas; car voici la lettre que nous avons reçue tout récemment du ministre des affaires étrangères : « Monsieur le Procureur-général, vous avez témoigné le désir d'obtenir des renseignemens circonstanciés sur un fait d'escroquerie et de déception imputé par le *Constitutionnel*, dans son n.º du 18 mai, à un prêtre de la Belgique. Je chargeai en conséquence l'envoyé extraordinaire et ministre plénipotentiaire du Roi, près la Cour des Pays-Bas, de prendre à cet égard tous les renseignemens convenables. M. le comte d'Agoult me répond que, lorsque cet article parut, le gouvernement des Bays-Bas fixa son attention sur les lieux indiqués par ce journal, et porta ses recherches sur la province de Hainault, dont Tournay fait partie. En conséquence

des ordres qu'il reçut, le gouverneur de la province adressa une lettre circulaire aux autorités de sa juridiction, et en provoqua toutes les informations propres à faire connaître la vérité; il résulte de cette enquête que: « Le fait allégué était inconnu des habi-
» tans de cette province, si on le considérait comme
» récent; mais qu'il existait, dans quelques villages,
» la tradition d'une anecdote analogue, fort ancienne
» et peut-être même fabuleuse, dont les ennemis du
» clergé ont pu s'emparer dans cette circonstance. »
M. le comte d'Agoult ajoute qu'il tient ces détails du gouverneur de la province de Hainault lui-même, qui, depuis cette époque, a été appelé au conseil d'état et à la direction générale de Pays-Bas. En vous les transmettant, je vous rapporte les expressions textuelles de la dépêche du ministre de Sa Majesté, près la Cour des Pays-Bas. » — Maintenant, Messieurs, reportez-vous à l'article en question ; et comparez.

Ils sont vrais aussi les faits de ce boucher de Rome? Oui, sauf 1.º qu'il n'a pas été exposé sur la place publique; 2.º qu'il n'a pas été marqué par le bourreau; 3.º qu'il s'agissait d'un scandale public; et 4.º que cet homme (que le *Constitutionnel* a soin de présenter comme un *riche boucher*), est un galérien libéré, condamné pour homicide ! Nous déposons la lettre et la note officielle qui viennent aussi de nous arriver du même ministère, sur les renseignemens que nous avions demandés à cet égard.

Il est vrai, le rapt de cette jeune fille qu'on a *conduite par force*, à Lyon, *dans un couvent?* ce rapt, à raison duquel le *Constitutionnel* s'indigne de voir que la justice ne poursuit pas? Voici la lettre des trois vicaires généraux de Lyon au ministre des affaires ecclésiastiques :

« Le *Constitutionnel* rapporte qu'une jeune fille a
» été enlevée à sa mère et conduite avec force dans
» un couvent. Tout est mensonger dans cette asser-
» tion. Voici les faits : Une demoiselle Virginie B...
» devant contracter mariage, était dans la nécessité
» de produire un acte de naissance; mais elle ne put
» cacher à son futur, par l'absence de cet acte, qu'elle
» était illégitime. Le projet de mariage fut dès-lors
» abandonné, et la jeune personne, désolée, quitta
» la maison maternelle avec le dessein de mettre fin
» à ses jours. En proie au plus violent désespoir, elle
» allait se précipiter dans la Saône, lorsqu'un pas-
» sant la détourna, presque de force, de cette funeste
» action. Elle courut chercher un asile dans l'église
» métropolitaine, où elle passa une journée entière.
» Une loueuse de chaises l'ayant remarquée, s'appro-
» cha d'elle pour lui demander si elle voulait un con-
» fesseur. Virginie B... fondit en larmes, et lui fit part
» de sa cruelle situation. La loueuse de chaises l'em-
» mena chez elle, lui prodigua tous les secours qu'elle
» pouvait lui donner, et fit appeler un ecclésiastique.
» Celui-ci s'empressa de porter des consolations à
» cette infortunée; il lui donna les conseils les plus
» salutaires et l'engagea à rentrer chez sa mère : ses
» efforts furent inutiles. Il obtint cependant qu'elle
» écrirait à sa mère; et en attendant, comme la loueuse
» de chaises ne pouvait la garder dans sa maison, il
» lui proposa d'entrer dans l'établissement de retraite

» tenu par les dignes sœurs de Saint-Joseph. Elle ac-
» cepta avec reconnaissance, et s'y rendit avec em-
» pressement. La mère, instruite, par la lettre, de la
» position de sa fille, vint la retrouver; elle témoigna
» la plus grande joie de la revoir, et contente des
» soins qui lui étaient prodigués dans cette maison,
» elle se rendit aux désirs de sa fille, qui la pria de
» l'y laisser au moins quelque temps. La jeune per-
» sonne y est demeurée deux mois, et elle y a reçu
» tous les secours qu'on doit attendre de ces pieuses
» filles qui se dévouent avec tant de zèle et de cha-
» rité au soulagement des misères humaines.»—Encore
une fois, Messieurs, reportez-vous au journal; et
comparez!

Elles sont vraies, toutes ces reconstructions de mo-
nastères, ces acquisitions de terrains qui envahissent
Nantes?.. Elles se bornent à ce que 20 sœurs de Saint-
Michel, établies par Buonaparte pour l'œuvre des
filles repenties, ont vendu une maison, pour en ache-
ter une autre mieux appropriée à leur institution!
Nous déposons encore la lettre du préfet.

Ils sont vrais, ces projets d'impositions; toutes ces
quêtes pour des grilles, chœurs, stalles, chapelets,
tableaux, qui ont épuisé toutes les *bourses dévotes* de
Châlons?... Nous lisons, dans la lettre du Préfet au
ministre de l'intérieur :

« Il n'a été, et il n'est nullement question de sol-
» liciter pour cet objet une imposition communale.

» Il n'a rien été demandé à la municipalité, qui
» d'ailleurs n'est point chargée de dépenses diocé-
» saines.

» Il n'a été fait *aucune quête* pour les grilles du

» chœur. Elles ont été payées, d'après votre autori-
» sation, sur les fonds alloués dans le budget dépar-
» temental pour la restauration de la cathédrale.

» On ne s'est même pas occupé des stalles.

» Il est également faux qu'on ait fait des quêtes
» pour des chapelets et des tableaux. »

Elles sont vraies, ces instructions données par l'é-
vêque de Moulins pour que l'on tienne, dans chaque
paroisse de son diocèse, une liste de toutes les personnes qui ne s'approcheront pas des sacremens? Elle
est vraie, la prétendue annonce de ces instructions
par le curé de Bellenave?.. Nous joignons aux pièces
les démentis formels de l'évêque et du curé, démentis
confirmés par les renseignemens pris à Bellenave et
attestés par le préfet.

Elle est vraie, cette scène où l'on montre l'évêque
de Perpignan apostrophant des hommes qui ne s'a-
genouillaient pas devant une procession?..Nous déposons les lettres de l'évêque et du préfet, qui dépeignent
l'indécente et irréligieuse bravade de ces hommes, ne
se découvrant pas devant la croix; lettres où l'on voit
les paroles paternelles du prélat rendues à l'intention
protectrice qui les dicta.

Il est vrai, ce prix énorme de 25,000 francs, sti-
pulé par l'évêque de Châlons pour le privilége ac-
cordé au libraire Demonville, prix dont il semblerait
que l'évêque profitât lui-même?.. Nous produisons la
lettre du sieur Demonville, qui repousse ces perfides
insinuations, et rétablit la vérité que vous connaissez
déjà.

Nous nous arrêtons, Messieurs; car il faudrait

2

vous fatiguer par la nomenclature de démentis perpétuels. Nous revenons aux points sur lesquels nous devons achever de réfuter les objections.

On a été forcé de convenir que le *Constitutionnel*, dans ses articles des 15 et 16 mai, en avait indignement imposé à ses lecteurs sur le fait de Nérac. Mais, on a cherché à pallier ses torts, en alléguant qu'il les avait réparés par des insertions subséquentes : on nous a même imputé une erreur. C'est, Messieurs, le *Constitutionnel* lui-même qui va se charger de réfuter son défenseur.

Nous vous avons lu la réclamation officielle adressée au sous-préfet de Nérac, par le *président du consistoire* de cette ville, lettre dans laquelle ce pasteur annonce que, dès la veille, il a écrit, de son propre mouvement, au rédacteur du *Constitutionnel*, et qu'il compte sur *sa probité* (c'est l'expression) pour en faire usage. Nous avons dit que le *Constitutionnel* n'a pas inséré cette lettre : et, ce que nous avons dit, nous le répétons.

On a invoqué le *Constitutionnel* du 30 mai. Voici ce n.º : il ne contient pas la lettre de M. Quatreils, président du consistoire de Nérac. Il contient une lettre que l'on a confondue avec celle dont nous parlions ; une lettre de M. Jacquier, pasteur protestant d'une petite ville située à plusieurs lieues de Nérac. Or, nous demandons pourquoi, sur des faits de Nérac, sur des faits aussi graves, on préfère les explications données par un étranger? La lettre du président du consistoire de Nérac pouvait seule fixer l'opinion publique. Son insertion était un devoir impérieux pour la bonne foi. Les dates prouvent même qu'elle avait été envoyée au *Constitutionnel* plusieurs jours avant celle du pasteur Jacquier. Pourquoi ne l'a-t-on pas insérée? Il est facile d'en reconnaître le motif. Vous avez vu, dans la lettre de M. Quatreils au sous-préfet, combien ce qu'il déclarait avoir écrit au *Constitutionnel* était franc et positif. Or, cette sincérité déplaisait. Le pasteur voisin (sans doute parce qu'il n'était pas sur les lieux) laissait encore du vague dans ses explications, annonçait qu'on enverrait d'autres renseignemens, et prenait un soin remarquable pour justifier les intentions de l'article du 15. C'est cette lettre seule, qu'on a insérée : veuillez la lire, Messieurs, et comparez-la avec celle que vous connaissez de M. Quatreils.

Nous avons dit aussi que le *Constitutionnel* n'avait parlé, plus tard, de la lettre adressée par le président du consistoire de Nérac au sous-préfet, que pour en affaiblir le témoignage, et pour soutenir, autant que possible, les mensonges des deux articles dénoncés. On a encore contesté ce point; on a invoqué l'article du 4 juin. Eh bien ! voici cet article lui-même : « M. le sous-préfet de Nérac a cru devoir ré-
» pondre *aux observations que nous avons dernière-*
» *ment faites* au sujet des protestans de cette ville
» qui ont été dépossédés de leur temple, et qui ont,
» à cette occasion, adressé à la Chambre des Députés
» une pétition. *Les faits* QUE NOUS AVONS RAPPORTÉS
» *dans le Constitutionnel sont* EXTRAITS DE LA PÉTI-
» TION ELLE-MÊME, et *ce sont ces faits* que M. le
» sous-préfet de Nérac DÉMENT EN PARTIE dans une

» lettre signée de lui, que la *Quotidienne* a publiée
» le 1.er juin......

» Nous avons dit que le conseil de préfecture s'é-
» tait *emparé de la discussion* relative à la propriété
» du Temple : M. le sous-préfet prétend que cette
» question lui a été attribuée par décision du Conseil-
» d'État. *Les expressions formelles de la pétition*
» DONNENT UN DÉMENTI A CETTE ASSERTION.

» M. le sous-préfet convient qu'il a été dit des ac-
» tions de grâces par les catholiques pour célébrer
» la dépossession des protestans ; mais *il nie qu'il ait
» été chanté un Te Deum.* » (Vous vous rappelez,
Messieurs, qu'il ne le nie pas du tout. Et, quant à ce
Te Deum, vous comprendrez mieux la joie, d'ailleurs
si modeste, de ces pauvres sœurs de l'hospice qui ve-
naient de gagner leur procès, lorsque vous saurez
qu'elles se voyaient ainsi débarrassées d'un voisinage
plus incommode que tout autre, celui de la gendarme-
rie.) « Il (le sous-préfet) il nie, et cependant des per-
» sonnes bien informées affirment qu'elles ont entendu
» le *Te Deum ;* elles ont aussi entendu, et TRÈS-FRÉ-
» QUEMMENT, *les* SERMONS DE M. LE CURÉ CONTRE LES
» PROTESTANS. (Vous voyez qu'on cherche à soutenir
ici le prétendu *anathéme lancé contre les protestans.*
Mais, suivons.)

» *Il nous serait facile de* RÉPONDRE AUSSI VICTO-
» RIEUSEMENT A TOUTES LES ALLÉGATIONS DE M. LE
» SOUS-PRÉFET ; IL N'EN EST AUCUNE QUI AIT PLUS DE
» POIDS *que celle relative à la légalisation des signa-
» tures de la pétition.* » (Voilà qui est clair, ce nous
semble : ce n'est pas tout).

» *M. le sous-préfet a* FAIT APPUYER *ses dénéga-*
» *tions par une déclaration de M. Quatreils, pasteur*
» *protestant. Que* RÉPONDRE A CELA? *Un seul mot :*
» *en* DÉNIANT LES FAITS RAPPORTÉS *dans le Constitu-*
» *tionnel*, M. le sous-préfet n'a fait que *dénier les*
» *faits mentionnés dans la pétition, et la pétition*
» *est* SIGNÉE PAR M. QUATREILS. » (Vous savez, Messieurs, que M. Quatreils n'a signé que *pour légalisa-*
tion. Vous savez aussi que le prétexte de la pétition
à la Chambre des Députés est repoussé par cette
pétition elle-même, dont nous avons déposé la copie
authentique).

Et voilà ce qu'on présente comme une rétractation,
comme la preuve de la bonne foi!... Nous répétons
que le *Constitutionnel* a persisté dans ses mensonges,
et s'est efforcé de les maintenir autant qu'il était en
lui.

On vous a parlé aussi de l'insertion d'une lettre de
M. Pouget, curé de Nérac; et on a paru la présenter
comme une réclamation directe au *Constitutionnel*.
C'est encore une erreur. Ce journal n'ayant publié
que la lettre du pasteur protestant de la ville voisine,
le curé de Nérac fut étonné de voir ainsi intervenir un
étranger, pour donner son témoignage sur des faits qui
s'étaient passés à Nérac. Peu satisfait des explications
et notamment d'une imputation personnelle, il écri-
vit à M. Jacquier. Celui-ci crut devoir envoyer cette
lettre au *Constitutionnel*, en l'accompagnant d'une
longue réponse, peu bienveillante, et dans laquelle
il s'explique sur l'intérêt tout particulier avec lequel
il a pris la défense de ce journal. Voilà, Messieurs,

cétte insertion que, par une véritable dérision, le *Constitutionnel* du 4 juillet se plaît à attribuer à son *impartialité !*

Cette insertion elle-même a un préambule : or, à quoi tend-il? La *Quotidienne*, dit-on (c'est-à-dire les lettres du sous-préfet et de M. Quatreils), la *Quotidienne* ne fait qu'EMBROUILLER *la question*. Puis, le journal se trahit et s'accuse ; car il annonce, d'après sa correspondance, que l'affaire de Nérac a *déjà retenti aux* BORDS DU RHIN *et jusque sur les* MONTAGNES DE L'ÉCOSSE.

Il est donc vrai, Messieurs, que nous avons eu raison de vous signaler les incroyables mensonges relatifs à Nérac; et que ces mensonges restent tout entiers à la charge du *Constitutionnel*, d'abord par leur insertion même, et depuis par les efforts faits pour en maintenir, autant que possible, les funestes effets. Nous joignons, au surplus, aux pièces le rapport officiel, par M. le curé Pouget, de tout ce qui s'est passé à Nérac; il est légalisé par M. l'évêque d'Agen. Nous déposons aussi les trois numéros du *Constitutionnel* dont on a parlé, et que nous venons d'examiner.

N'avons-nous pas pris encore le *Constitutionnel* en flagrant délit de mensonge, pour ce petit livret de 1804, dont il dissimule si perfidement la date? Que répond-on? Qu'il n'y avait pas de *Constitutionnel* en 1804.... Ce n'est là qu'une dérision. On ajoute qu'une nouvelle approbation a eu lieu en 1818. Et qu'importe? D'abord, de 1818 à 1825, il y a encore 7 ans. Mais, nous répétons que la couverture même porte la date de 1804!

Et a-t-on ose parler du révoltant contraste des ex-pressions de l'article avec la qualité des auteurs, ap-probateurs, et distributeurs qu'on se plaît à y signa-ler? On n'en a pas dit un mot.

Quant à ces prétendues distributions dans les pen-sions, nous avons déjà dit que cette allégation n'était qu'un mensonge. C'est ce qui résulte de la lettre que nous déposons, et qui est écrite par un des vicaires-généraux de Lyon. Nous devons ajouter que c'est un autre mensonge que cette distribution attribuée aux missionnaires de France. La lettre de leur supérieur contient encore, à cet égard, un démenti formel : nous la déposons aussi.

Encore un point donc, sur lequel restent dans leur entier les mensonges et les perfidies du *Constitution-nel!*

Quant au curé de Carville, on n'a pas pu contester que ses accusateurs n'aient été deux fois flétris, par la justice, du nom de *calomniateurs*. Mais, nous regret-tons qu'en s'emparant de la rédaction évidemment vicieuse d'une partie du jugement de Rouen, on ait passé sous silence les dispositions que voici : « Attendu » que *le zèle du sieur Lefebvre, sa religion, sa sévérité,* » *le* RIGORISME DE SES PRINCIPES, *la* PURETÉ DE SES » MOEURS, *son esprit de charité, sa* BONNE CONDUITE, » *sont attestés par plus de* QUARANTE TÉMOINS, parmi » lesquels sont les maire et adjoint de la commune de » Saint-Aubin, dans laquelle il a été desservant *pen-* » *dant l'espace de* PLUS DE VINGT-DEUX ANNÉES; les » maire et adjoint de Cléon, commune voisine de » Saint-Aubin; les juges de paix de Darnétal, de

» Boos et d'Elbeuf, et autres fonctionnaires publics,
» ainsi que *nombre d'habitans notables* de Darnétal,
» Saint-Aubin, Elbeuf et autres communes.....

» *Attendu qu'il est* ÉVIDENT *que les plaintes de*
» *Gilles et Puebret* N'ONT PAS ÉTÉ DIRIGÉES DANS L'IN-
» TÉRÊT DE LA MORALE, *mais* DANS DES VUES TOUT
» OPPOSÉES, *pour* SERVIR DES HAINES, DES PASSIONS,
» *donner* PRÉTEXTE ET PASSAGE A LA CALOMNIE, *à*
» *l'effet de* DÉCHIRER PUBLIQUEMENT LA RÉPUTATION
» D'UN MINISTRE, etc.

Nous regrettons aussi qu'on ne vous ait pas donné
connaissance de l'arrêt de la Cour royale de Rouen,
où on lit ces motifs : « Considérant qu'il *sort de l'in-*
» *struction* que lesdits Gilles et Puebret ont été MUS
» PAR D'AUTRES MOTIFS *que l'intérêt de leurs enfans*
» *et le désir de venger la morale publique*....

» Que, d'ailleurs, les faits sont *détruits par une*
» *foule de témoignages dignes de foi* qui démontrent
» que l'abbé Lefebvre s'est *constamment fait remar-*
» *quer* et par la PURETÉ DE SES MOEURS *et par le* ZÈLE
» ARDENT *qui paraît avoir* SEUL DONNÉ NAISSANCE
» AU PROCÈS.... La Cour.... *déclare calomnieuses,* » etc.
Nous joignons, au surplus, aux pièces, la copie authentique du jugement et de l'arrêt.

On a aussi voulu justifier le *Constitutionnel*, à l'é-
gard de cette commune de Versoix qu'il s'est plû à
montrer comme devant, au premier jour, et tout entière, abjurer la foi catholique pour embrasser le protestantisme. Cette menace, a-t-on dit, existe dans
une adresse à l'évêque. Nous avons aussi entre les
mains cette adresse; on y lit ces mots : « Si notre at-

» tente était trompée, nos voix plaintives ne s'élè-
» veraient que vers le Dieu de bonté et de miséricorde ;
» et nous nous rappellerions qu'un cœur juste est l'au-
» tel qui lui est le plus agréable, et que la voûte des
» cieux est le seul temple digne de la sagesse qui le
» créa. » Ou nous nous trompons, ou les meneurs
qui en appelaient ainsi à *la voûte des cieux*, ne disaient rien ; ou, s'ils disaient quelque chose, ils fai-
saient une déclaration d'apostasie aussi éloignée du
protestantisme, que du catholicisme. Au surplus, ce
qni est certain, et ce qu'on ne vous a pas dit, c'est
que, si c'était là une menace de protestantisme, la
phrase a été expressément supprimée par une adresse
signée peu de jours après. Ce à quoi on n'a pas ré-
pondu non plus, c'est notre observation sur le ton
de triomphe qui se manifeste dans l'annonce du journal.

Mais, puisqu'on a parlé de la prétendue bonne foi
du *Constitutionnel*, il y avait ici une preuve impor-
tante à en donner. Admettons que la menace d'embrasser le protestantisme eût été réelle : du moins, il
est certain qu'aucune abjuration n'a eu lieu ; que
l'exaspération excitée par le curé interdit tomba bientôt après ; qu'un nouveau curé fut installé sans trouble ; qu'enfin, tout rentra incessamment dans l'ordre.
Eh bien ! quel était, dès-lors, le devoir d'un journal
de bonne foi ? N'était-ce pas d'annoncer cette nouvelle ? de s'y empresser d'autant plus que la première
annonce avait été plus positive et plus grave ? Nul
doute sur ce point. Or, où sont les articles du *Constitutionnel* où il publie *les faits* subséquens ? Où sont

les articles où il rassure, par une nouvelle certaine et définitive, l'opinion publique inquiétée par sa noûvelle de pure et fausse prévision ? ·On n'en produit aucun; il n'y en a pas : ce journal cache la vérité ; il laisse frauduleusement toute leur force aux impressions qu'il a données. Nous le demandons, agir ainsi, n'est-ce pas se trahir ? n'est-ce pas , dans la réalité , mentir ? n'est-ce pas prouver qu'on n'a qu'un but, celui d'attaquer la religion de l'État? Il nous semble que cela n'est pas contestable.

On a parlé du curé Maingrat; et nos observations sur le véritable esprit des perpétuelles répétitions du *Constitutionnel* sur ce triste sujet, n'ont pas été détruites. Mais, puisqu'on a été chercher en dehors du procès des lithographies, nous aussi, Messieurs, nous voulons vous en faire connaître : celles-là, toutefois, sont dans le procès; car ce sont celles dont le *Constitutionnel* prend la défense dans un des articles inculpés. Déjà nous vous avions dépeint l'irréligieuse horreur de ces exécrables compositions ; mais, puisqu'on vous montre les peintures ridicules qu'achète la crédulité populaire, il est juste aussi que vous connaissiez les tableaux que la haine de la religion sait préparer pour le peuple. Nous les joignons donc au *Constitutionnèl* du 2 juillet, ces lithographies qu'il revendique : et là, comme dans ces éternelles colonnes où ce journal se plaît à montrer à ses lecteurs un prêtre assassin, vous verrez la haine acharnée de la religion, poursuivant, non l'homme, mais le prêtre, non le crime, mais le caractère.

C'en est assez sur ces points divers; et nous ne

reviendrons pas sur tant d'autres à l'égard desquels nous avions précédemment démontré le mensonge, et dont on n'a pas dit un mot. Passons à ces nombreuses allégations pour lesquelles le *Constitutionnel* ne donne aucune indication ni de lieux, ni de personnes.

Que répond-on sur ce point? pas un mot; pas un seul mot. Ainsi, savons-nous, même aujourd'hui, à quel temps, à quels lieux, à quelles personnes se rattachent et les récits de ces *commis voyageurs* qui ne rencontrent partout que des prêtres persécuteurs ou ridicules; et tous ces autres récits, où toujours ce sont des prêtres fanatiques, avides, inhumains, débauchés? Non; nous n'en savons rien. S'il existe des documens publics qui réfutent, impossibilité physique de vous les faire connaître : aucun renseignement même n'a pu être pris. Et cependant, on vient vous dire : « Tous les faits sont vrais! »

Ils sont vrais! Et où en est la preuve? Est-ce dans des certificats qu'on n'a pas produits? Est-ce dans les lettres de ces fournisseurs de scandale, de ces correspondans en titre, police occulte, véritable inquisition qu'ont échelonnée sur toute la France, ces hommes qui dénoncent chaque jour à la France l'inquisition renaissante?... La correspondance du *Constitutionnel!* Quelle bonne preuve à l'appui du mensonge, que le mensonge lui-même! Rendons plus de justice à l'habile avocat; il n'a ni produit, ni communiqué cette correspondance; il sent qu'elle ne saurait mériter un seul instant les regards de la Cour.

Non, Messieurs, il n'est pas vrai que *des prêtres*

fanatiques refusent les sacremens aux enfans qui fréquentent les écoles mutuelles; que *d'autres se plaisent à faire mourir de faim et de misère les malheureux qui envoient leurs enfans à ces écoles.* Il n'est pas vrai que des prêtres *réunissent des jeunes filles, des femmes, dans de mystérieuses chapelles, où on se livre aux élans d'une ardeur équivoque;* que, dans leurs travaux apostoliques, ces prêtres *ne recherchent que des dîners somptueux.* Elles ne sont pas vraies, les circonstances ridicules et scandaleuses du récit de ce *pasteur en chef* et de ce *pasteur subalterne* qui refusent, poursuivent, arrêtent, menacent un convoi. Non, il n'est pas vrai qu'un prêtre ait *refusé la communion* à un jeune homme, *parce qu'il venait à Paris.* Ils ne sont pas vrais, les récits de ces prêtres s'élançant, l'un comme un furieux, du sein d'une procession, sur un cabriolet; l'autre, encore comme un furieux, au milieu d'une place publique, où il *saisit au collet* ses paroissiens. Ils ne sont pas vrais, les tableaux ridicules de ce prétendu *luxe de l'épiscopat;* ni ceux de ces *cellules resplendissantes d'or, de diamans, de broderies.* Non, il n'est pas vrai qu'un prêtre ait *refusé la communion* à une jeune fille, *parce que son père n'allait pas à confesse.* Non, il n'est pas vrai, cet indigne propos du curé qui *ne travaille pas pour rien,* et qui repousse inhumainement le convoi du pauvre.

Sur tous ces points, et sur tant d'autres, encore une fois que vous a-t-on dit, Messieurs? Encore une fois, pas un mot, pas un seul mot... Nous nous trompons; on a dit : « *Tous les faits sont vrais!* »—Vrais?

parce qu'il plaît de le dire! Vrais? parce qu'en se cachant dans l'ombre, on s'est soi-même accusé de mensonge! Vrais? parce qu'on raconte des choses démenties par elles-mêmes et par le caractère de ceux à qui on les impute! Vrais? parce qu'il est démontré qu'on en a imposé sur tant d'autres points! Vrais? parce que partout on a parodié les hommes, travesti les choses, dénaturé, falsifié les circonstances!...Ainsi, Messieurs, acceptez de confiance toutes ces allégations pour lesquelles n'existent aucunes indications : voilà les titres qu'on vous présente! Consacrez sans examen la vérité de tous ces faits, que personne n'a pu vérifier : voilà ce qu'on vous ordonne, ce qu'on vous impose!

On a jeté un mot en avant; et l'on a dit que quand le journal n'a pas nommé, c'était pour ne pas compromettre des tiers. — Des tiers! mais, dans la plupart de ces récits, il n'est question d'aucuns tiers... Et avons-nous jamais parlé de tiers? Nous avons dit que, quand on accuse quelqu'un, et surtout un prêtre, il faut le nommer; que sans cela on fait le mal pour le mal; qu'on manque à son devoir; qu'il n'est ni généreux, ni légal de fuir la responsabilité de ses actes. Et le défenseur ne peut manquer d'être de notre avis, lui qui a professé cette sage doctrine qu'en une telle matière la censure doit avoir quelque chose de la vertu de Caton.

Résultat acquis déjà : Si c'était seulement dans la vérité des allégations, qu'il fallût placer la recherche de *l'esprit* du journal, le mensonge serait démontré sous cent rapports divers. Et vainement voudrait-on paraître ici demander une enquête que plus que personne nous désirerions, nous solliciterions, si elle était légalement possible. Ce ne serait qu'un vain subterfuge, que vous apprécieriez.

Ce n'est pas tout; et c'est la loi elle-même qui vient nous donner encore la preuve de la calomnie. Oui, c'est, de droit, une calomnie, que de s'interposer entre le confesseur et le pénitent, à raison de l'administration des sacremens. Oui, c'est, de droit, une calomnie que de généraliser contre un corps, et surtout contre un corps aussi respectable, des imputations injurieuses.

Et, Messieurs, disons-le de rechef, les articles dénoncés ne présentent-ils donc que des allégations de fait? Là, nous voyons des imputations de vices déterminés; ici, des conseils publics de s'éloigner de l'accomplissement de tout devoir religieux; plus loin, le culte de la religion de l'État présenté comme de *vieilles habitudes*, des *coutumes religieuses*, des préjugés; plus loin, des sarcasmes contre des processions, les unes qualifiées d'*arbitraires*, les autres *qu'on peut éviter en se renfermant chez soi*; puis, ces provocations ouvertes à embrasser le *protestantisme*; puis, ce prétendu *droit* d'abjurer sa religion.... Qu'on réponde; s'agit-il là de faits? Ne sont-ce pas là des attaques contre les choses? Et que deviennent, dès-lors, les mots *vérité des faits, enquête?* Vaine excuse : elle tombe.

Mais, à l'égard des provocations au protestantisme, on insiste; et l'on soutient qu'elles sont permises. Messieurs, c'est déplacer la question. Sans doute, la prédication et la controverse sont permises aux protestans comme aux catholiques. Mais, indé-

pendamment du danger qu'il y aurait, de part et
d'autre, à transporter la prédication dans les journaux, sont-ce donc des points de controverse, des
raisonnemens, qu'on trouve dans le *Constitutionnel?*
Non ; il commence par dénigrer, par tous les moyens,
la religion de l'État ; puis, il invoque à son aide le
protestantisme. Or, cet appel n'est évidemment que
le complément des autres attaques, leur *sanction*, si
nous pouvons parler ainsi : le fond des choses est
toujours le dénigrement de la religion de l'État. Et,
d'ailleurs, s'il était vrai que l'appel au protestantisme
dans un journal, pût être de la *prédication*, qui ne
sent que cela ne pourrait se dire que d'un journal
protestant, et non pas du *Constitutionnel?*

On s'est encore placé à côté de la question, lorsqu'on a invoqué le droit de critiquer la tolérance ac-
cordée, dans leur existence de fait, à quelques réu-
nions religieuses. Sans doute, ces critiques sont permises : elles le sont si bien qu'encore une fois tous
les articles qui ont pu y paraître réellement consa-
crés, ont été exclus par nous de l'incrimination. Il ne
s'agit donc pas de ces critiques. Mais si, à leur place,
on a substitué l'acharnement contre tout ce qui présente un caractère religieux; si ce n'est plus la censure de telle ou telle position, mais la haine même de
la religion, que nous rencontrons partout, nous avons
bien eu le droit de vous signaler cette preuve de plus,
et de l'ajouter à ce faisceau qui constitue *l'esprit d'un
journal;* de même que, tous les jours, pour vous montrer cet *esprit de la loi* (réalité qu'on n'a pas con-
testée encore), on réunit sous vos yeux des disposi-

tions législatives diverses, émanées toutes de la même pensée.

Mais, a-t-on dit, dénoncer à l'opinion publique le luxe, l'intolérance, les crimes, et les mauvaises mœurs du clergé, est à la fois un service rendu à la chose publique, et un droit. — Un service? Si l'on juge utile que ce soit un journal qui se charge de pareilles dénonciations, nous regrettons qu'on ait oublié de nous dire pourquoi cette utilité s'arrête, dès qu'il ne s'agit plus de la religion catholique? Mais, où est donc le service, si on trompe l'opinion, par le travestissement des faits; si on irrite les esprits, par le renouvellement des plus affreux tableaux?

Du moins, poursuit-on, c'est un droit. — Nous contestons le principe dans sa généralité. Le texte positif des lois de 1819 et de 1822 prouve que, dans beaucoup de cas, si les personnes ainsi dénoncées voulaient ou pouvaient porter plainte, les dénonciations seraient condamnées comme diffamatoires, sans qu'il fût permis au journaliste de faire la preuve de la *réalité* de ses allégations. Qui de vous, en effet, ne se rappelle le mot énergique de cet orateur de la Chambre des Députés, qui a dit que la *vie privée doit être* MURÉE? vérité légale qui s'applique, sans doute, aux prêtres comme aux autres citoyens, à moins qu'il n'existe contre eux un privilége, celui de la diffamation!

Mais, parce que les ministres de la religion ignorent ou méprisent les attaques dont ils sont l'objet, faut-il donc qu'un pareil système de dénigrement reste impuni? Le faut-il, quand la défense elle-même ne peut contester, ni en droit, ni en raison , que des diffamations répétées contre le clergé portent atteinte au respect dû à la religion ? Non , Messieurs; et tel est précisément le but de la loi dont nous vous demandons l'application.

Éh bien! reprend-on, que les prêtres inculpés démentent : la loi leur en donne le droit. — Et d'abord , comment démentir, quand on n'est pas nommé , ou quand on ne connaît pas l'attaque ? Puis, il faut donc que les prêtres entrent, chaque jour, dans la polémique des journaux ? Il faut que l'Église entière accepte la juridiction du *Constitutionnel?*... Et que fera un démenti, que le journaliste saura encore ou ridiculiser ou empoisonner? un démenti que les distances empêcheront souvent d'arriver avant longtemps ? Puis, que sera-ce, si le journal n'insère pas? Il faudra donc lui faire un procès ?... Vous le voyez , Messieurs , l'objection n'est pas sérieuse. Et d'ailleurs, les lois même auxquelles est soumis le clergé , lui font une sorte de devoir de s'abstenir de ces luttes hostiles, de *se taire et de bénir*, comme le dit si admirablement M. l'Archevêque de Paris , dans une réponse où il réfute ces indignes calomnies du *Constitutionnel* , que des prêtres refusent d'admettre à la première communion les élèves des écoles mutuelles , et que d'autres excluent les parens de la participation aux secours de la charité. Cette lettre se termine ainsi :

« Vous m'avez interrogé , M. le Procureur-géné-
» ral; j'ai dû vous satisfaire. Nous n'avons pas la
» coutume de répondre aux mille et une calomnies

» dont nous sommes l'objet ,, ayant appris du Divin
» maître , dans ces circonstances , à nous taire et à
», bénir. Toutefois , il vous est libre de faire de ma
» lettre l'usage que vous jugerez convenable dans
« l'intérêt public : elle serait toujours utile , quand
» elle n'aurait d'autre résultat que de coustater juri-
» diquement les principes qui nous dirigent. Heu-
» reux , si elle pouvait persuader à nos détracteurs
» que nous leur voulons sincèrement plus de bien ,
» qu'ils ne peuvent réellement nous faire de mal ! »

Digne et touchante expression des préceptes de notre sainte religion !... Mais vous , Messieurs , insti-
tués pour punir ces détracteurs ; vous , responsables
envers Dieu de la garde de la loi, viendrez-vous donc
joindre votre auguste autorité à toutes ces voix calomnieuses ?

Si le clergé *se tait et bénit* , que le Gouvernement
se charge des démentis , dit-on encore. — Ainsi ,
voilà qu'il faut organiser une petite guerre officielle
de tous les jours ! Voilà que , sur chaque allégation ,
il faut établir des correspondances ! Il faut que le
Gouvernement s'incline sous le sceptre du *Constitutionnel !* Mais (chose à laquelle on n'a pas pensé ,
sans doute), chaque mensonge du journal sera pour
lui un revenu ; car, d'après la loi , toute insertion
doit être payée ! Ainsi , le journal qui mentira le
plus , en retirera le plus de bénéfice ! Quelle absur-
dité !

Avertir à l'avance? Mais, la loi qui vous réunit aujourd'hui, n'a-t-elle pas eu précisément pour but d'a-
vertir chaque jour ! Ne sont-ce pas aussi des avertisse-

mens, que ces blâmes perpétuels d'autres journaux ?
Avertir ! mais, quelle autorité se le permettrait ? Serait-
ce le procureur-général ? où est la loi qui l'y autorise ?
et que ne dirait-on pas d'un pareil acte ? Serait-ce l'administration ? mais ne se récrierait-on pas justement
contre cette injure faite aux attributions judiciaires ?

. On vous dit encore : Aucun nouveau journal ne
peut paraître sans autorisation ; comptez les organes
de l'opposition, et craignez de les livrer, après une
seconde suspension, à une suppression administra-
tive qui serait sans remède. Messieurs, ceux qui ont
fait l'objection, n'avaient pas lu la loi. De son texte,
il résulte (comme, au surplus, cela a été unanime-
ment convenu aux Chambres) que c'est vous, vous
seuls, qui pouvez l'exercer ce droit de suppression.
Et, après deux suspensions, il n'est encore, il n'est
jamais, que facultatif. Pouvant le plus, vous pourriez
le moins. Ensorte qu'il est vrai de dire qu'un journal pourrait être successivement suspendu par vous,
deux, quatre, dix, cent fois, sans qu'il pût être
supprimé, si ce n'est par vous mêmes. La ter-
reur est donc chimérique.

Nous nous arrêtons... et nous ne trouvons plus
la défense armée que d'un seul mot : *les libertés de
l'Église gallicane* !... Vraiment, Messieurs, l'homme impartial qui lit les articles dénoncés, n'est-il
pas étonné de voir intervenir ce mot ? Eh quoi !
c'est pour défendre les libertés de l'Église gallicane,
qu'exhumant un livret non blâmé depuis 21 ans,
on le rajeunit mensongèrement, pour présenter des
prêtres comme distribuant, *dans les pensions*, un

EXPOSÉ COMPLET *des* COMBINAISONS, LES PLUS MON-
STRUEUSES *de la débauche*, un TRAITÉ DE CORRUPTION!
C'est pour défendre ces libertés, qu'on accuse calomnieusement des prêtres, qu'on ne nomme pas, de
refuser, de *faire faire la première communion aux
enfans qui vont aux écoles mutuelles;* d'exclure *des
secours de la charité* les parens malheureux qui y
envoyent leurs enfans ; d'effrayer les uns par *la ter-
reur et la persécution,* et de subjuguer les autres
par la *misère*, LA FAIM et TOUTES SES HORREURS !
C'est pour défendre ces libertés, qu'on se plait à
montrer d'autres prêtres comme *colportant des* BOU-
TIQUES AMBULANTES ; *faisant le commerce en prê-
chant contre les négocians; vendant des petits livres
à deux sous où la* LICENCE DES EXPRESSIONS RÉVOLTE
LA PUDEUR TIMIDE *et ne blesse pas moins* LA CHAS-
TETÉ DU COEUR *que celle du langage;* n'aimant que
des CARAVANES MONDAINES, une VIE AVENTUREUSE,
des DINERS SOMPTUEUX, des PREDICATIONS NOC-
TURNES où on réunit des JEUNES FILLES, des FEM-
MES, dans de MYSTÉRIEUSES CHAPELLES, où l'on
se livre aux ÉLANS d'une ARDEUR ÉQUIVOQUE! C'est
pour défendre ces libertés, qu'on publie tous les
récits arrangés à plaisir, de ces *commis voyageurs*
auxquels, par dégoût, nous ne pouvons que vous
renvoyer! C'est pour défendre les libertés de l'église
gallicane, qu'on présente mensongèrement les écoles
chrétiennes comme pesant sur le peuple par *l'impôt,*
et les écoles mutuelles comme dépouillées même des
dons volontaires, quand c'est précisément le contraire
qui est vrai! C'est pour défendre ces libertés, qu'on

fait l'objet d'une *juste inquiétude*, du passage à Nantes
d'un capucin qui s'y embarque ; qu'on y place des
acquisitions de terrains, des *édifications de couvens*
qui sont autant de fables ; qu'on dénonce la *fortune
colossale* de ces trapistes de la Meilleraye *dont le
pays se passerait bien*, quand une province entière
est fertilisée, enseignée, secourue par eux ! C'est pour
défendre ces libertés, qu'on signale calomnieusement
les curés de campagne comme *percevant les rede-
vances d'autrefois à la* MANIÈRE TURQUE, AU MOYEN
D'AVANIES ; puis les *diamans*, les *pierreries*, l'*or*, les
précieuses dentelles, les *équipages* de cet *épiscopat*,
dont vous connaissez le traitement ; puis les *palais*,
les *cellules* des religieux, *resplendissantes d'or*, de
diamans, d'*élegantes broderies !* C'est pour défendre
nos libertés gallicanes, qu'on publie cette *Gazette
ecclésiastique* dans laquelle on s'interpose calomnieusement et sans droit dans l'administration de la
communion ; où on diffame si indignement un curé
voisin de Paris, qu'on ne nomme pas ; où on invente
à Châlons des quêtes ridicules, qui n'ont pas existé !
C'est pour défendre ces libertés, qu'on prend fait et
cause pour cet individu prévenu d'insultes envers
une procession, et dont nous vous engageons à lire,
au dossier, seulement les conclusions ! C'est pour défendre ces libertés, qu'on se plaît à fixer sans cesse
les yeux du peuple sur l'immoralité, les délits, les
crimes des prêtres ! C'est pour défendre ces libertés,
qu'on impute calomnieusement à l'évêque de Moulins
des instructions qu'il n'a pas données ; qu'on parodie
les paroles de l'évêque de Perpignan à des hommes

qui ne se découvraient pas devant la croix; qu'on tronque la circulaire de l'évêque de Châlons, et qu'à propos d'une mesure pour des livres d'école, on le présente comme ne reconnaissant ni *l'existence des lois*, ni les *droits du pouvoir exécutif!* C'est pour défendre les libertés de l'église gallicane, qu'on se scandalise si des protestans ont à saluer la croix; si un curé va deux fois chez un de ses paroissiens pour l'engager à remplir ses devoirs de catholique! C'est pour défendre ces libertés, qu'on engage les citoyens à déserter les temples, où, dit-on, on *prie Dieu* AVEC SCANDALE ; qu'on les exhorte à se débarrasser de *vieilles habitudes*, de PRÉJUGES, de *coutumes religieuses;* à ne pas faire confirmer leurs enfans, plutôt que de donner *cinq sous!* C'est pour défendre les libertés de l'église gallicane enfin, qu'on excite à abjurer la religion de cette église, tantôt par l'exemple de toute la population d'une commune, tantôt par d'autres exemples particuliers; là, offrant des PORTES MOINS INEXORABLES; ici, la CHARITÉ D'UN PASTEUR PROTESTANT; partout, poursuivant, déchirant les personnes et les choses !..

C'est à vous, Messieurs, à voir si vous voulez encourager de semblables désordres. Quel homme sincère peut nier le mal que font ces déclamations corruptrices, ces mensonges quotidiens transportés, répétés, et adoptés sans contrôle, jusqu'au fond du dernier village?

On parle de fautes commises? Mais, est-ce donc une raison pour donner un libre cours à l'impiété? Est-ce une raison pour que la magistrature, quittant cette auguste protection qu'elle doit à la religion base de toute société, désavoue la loi qui s'en est reposée sur elle?

Des fautes, répète-t-on? Mais, pense-t-on bien qu'autoriser contre le clergé cette persécution de tous les jours, qui déjà peut-être a trop bien réussi à le placer en dehors de la société, ce soit porter au mal un remède salutaire? Messieurs, ne craindrez-vous pas qu'ainsi flétri, dégradé, le sacerdoce ne puisse plus désormais recruter ses rangs que dans des classes sociales où la nature de la première éducation, et ensuite le contraste même des situations, ne deviennent souvent qu'une cause de plus et de fautes et d'erreurs? Ah! s'il nous appartenait de la développer ici cette pensée juste et féconde, quel horizon nous découvririons à vos yeux!.. Mais, avant tout, nous remonterions à ces temps déplorables où l'on commença comme on recommence aujourd'hui. Malheur, alors, aux hommes qui ne virent que le moment, l'accessoire, et qui ne mesurèrent pas d'un œil profond les temps, la marche et la portée des choses! Qu'il fut cruel et sanglant, leur réveil! Et qui sait ce que, plus d'une fois, dans le secret de leurs tardives réflexions, leur dit cette conscience qu'on retrouve froide et sévère, après les jours donnés aux entraînemens funestes?...

Non, Messieurs, elles n'ont jamais été les vôtres, ces étroites préoccupations, si éloignées de cette haute inspection que nous aussi, que nous surtout, nous demandons. Et que venons-nous ici vous répéter, si ce n'est les leçons que, depuis douze ans, nous recevons de vous?... Non, non, jamais la chose publique ne courra de dangers, tant que la défense de la religion sera confiée à la Cour royale de Paris.

FIN.